AF360030

LA

BANQUE NATIONALE

DE L'ÉGYPTE

ET

LES CAPITAUX FRANÇAIS

PARIS

LIBRAIRIE GÉNÉRALE

Dépôt central des Éditeurs

72, BOULEVARD HAUSSMANN ET RUE DU HAVRE

1876

LA BANQUE NATIONALE

DE L'ÉGYPTE

ET LES CAPITAUX FRANÇAIS

Le grand journal financier de l'Angleterre, *l'Economist*, parlant de la création prochaine de la Banque nationale d'Egypte, disait l'autre jour : « Il y a dans la fondation de cette Banque un trait particulier qui ne lui est pas favorable, c'est qu'elle est instituée dans le seul but d'alléger des porteurs de valeurs douteuses. »

Cette phrase, dans sa concision, résume admirablement toutes les critiques d'ordre économique et moral que l'on peut adresser à l'institution nouvelle, dont l'avènement nous est annoncé comme un gage de salut pour les créanciers égyptiens et pour l'Egypte elle-même.

Les « valeurs douteuses » dont il s'agit ici, ce sont, en effet tous les titres de la Daïra et du Mallieh, c'est-à-dire du trésor particulier du Khédive et de son gouvernement accumulés dans les portefeuilles de quelques banquiers à qui l'esprit de lucre a fait perdre tout sentiment de prudence.

Et, comme le dit *l'Economist*, les porteurs de ces titres, ce sont précisément les fondateurs de la Banque nationale Égyptienne.

Maintenant les capitaux français sont appelés à concourir à cette œuvre. Doivent-ils s'y associer? Trouvent-ils dans les mobiles qui président à cette fondation, dans les hommes et les sociétés financières qui la patronnent, dans les stipulations qui l'accompagnent, et surtout dans les conditions passées et présentes du gouvernement khédivien, les garanties qui leur sont nécessaires?

Telle est la question que nous nous proposons d'examiner brièvement, mais à fond, à l'aide de documents authentiques, et sous l'empire de cette préoccupation toute française, que détourner aujourd'hui un sol de l'épargne nationale pour le livrer, sans précaution d'aucune sorte, au péril des aventures, c'est commettre un crime de lèse-patrie.

En réalité, qu'est-ce donc que la Banque nationale d'Egypte, telle qu'elle est projetée?

C'est, purement et simplement, une transformation de *l'Anglo-Ægyptian Banking C°*.

Rien de plus, rien de moins.

L'*Anglo-Ægyptian Bank* a pour président, M. Jules

Pastré, président désigné de la banque en préparation; et elle compte au nombre de ses administrateurs le même M. Lutscher, successeur, depuis 1869 seulement, de la maison Pastré et Ce, à Londres, et dont la faillite retentissante a ébranlé, il y a dix jours à peine le marché anglais. Cet établissement va être appelé par S. A, le Khédive à l'honneur de devenir une Banque d'Etat.

Voilà en un mot toute l'opération.

Le capital de l'*Anglo-Ægyptian* est de 40 millions; le capital de la *Banque Nationale d'Egypte* sera de 100 millions, savoir : 40 millions formés par les apports primitifs; 20 millions accordés à titre de majoration aux actionnaires actuels; 20 millions que les fondateurs se réservent de souscrire; et enfin 20 millions, complément du fonds social, que l'on espère faire absorber par les capitaux de placement de la France et de l'Angleterre.

A cette première opération s'en joint une autre bien plus considérable, et bien plus grave, suivant nous.

La Banque nationale d'Égypte, une fois constituée, émettra pour 250 millions d'obligations remboursables à 400 francs, en vingt ans, et rapportant 25 francs d'intérêt. Elle fera représenter, dans son portefeuille, la moitié de son fonds social, soit 50 millions, par des bons du Trésor égyptien. Elle négociera, en outre, en y appliquant sans doute sa garantie, auprès des banquiers d'Alexandrie et du Caire, pour 150 autres millions de bons du même Trésor.

Ensemble, 470 millions! sur lesquels 270 millions vont

être directement demandés à l'épargne, 20 millions pour la Banque et 250 millions sous la forme d'un nouvel emprunt de l'État égyptien.

**

Ceux qui ont été chargés d'annoncer au monde financier cette bonne nouvelle, ont pris soin de faire observer que l'on avait renoncé au projet d'unifier la dette de l'Egypte. De la dette connue, publique, et dont les titres sont cotés à la Bourse, il n'en est pas question. A cet égard, les choses restent dans leur ancien état. Tout se bornera à une transmutation de la dette flottante.

Il peut être utile d'entrer ici dans quelques détails pour faire mesurer exactement toute la portée de cette distinction.

L'Égypte, avons-nous dit, a deux trésors, et nous croyons superflu d'ajouter que tous deux ont des dettes : le *Mallieh* ou trésor du gouvernement, et la *Daïra*, ou trésor personnel du khédive.

Au 1er janvier 1875, le *Mallieh* devait, en capital, une somme de 1,197,363,500 francs, exigeant par an, pour le service de l'intérêt et de l'amortissement, 110,089,400 francs.

Il supportait, en outre, des rentes perpétuelles établies par décret du 8 avril 1874, au chiffre de 11,550,000 francs, et représentant l'intérêt à 9 p. 100 d'un capital de 125 millions.

La *Daïra*, de son côté, était grevée de divers emprunts dont voici l'énumération :

Emprunt de 1866, au capital de. . 47,435,500 fr.
Emprunt Halim-Pacha (1864). .   3,000,000
Emprunt Mustapha-Pacha (1867).. 32,470,000
Emprunt du khédive (1873). . . 155,673,000

Ensemble, 258,578,000 francs exigeant, pour l'intérêt et l'amortissement, 33 millions par an.

Voilà ce qui figure sur ce que nous appellerions, dans le langage de la finance française, les deux grands-livres de la dette publique de l'Égypte.

Mais ces chiffres, si considérables qu'ils soient, ne disent pas encore toute la vérité. A côté de ces deux dettes, il y en a deux autres. Après les deux dettes consolidées, il y a deux dettes flottantes.

Le journal *l'Égypte*, du 3 octobre 1873, nous a fait connaître la composition de cette seconde partie du passif; et après avoir étudié les rapports des consuls anglais, allemands et belges, nous ne pensons pas que l'on ait à ce sujet de document plus récent.

Il en résulte qu'à cette époque la dette flottante de l'Egypte s'élevait à 626,364,050 francs, qui se répartissaient de la manière suivante :

Acceptations du Mallieh, livrées à divers banquiers . . . . 569,696,400 fr.

Sommes échues pour les rembourse-
ments.   22,472,050
Bons de conversion garantis par les
produits des chemins de fer . . .   11,805,000
Bons Azizieh   1,858,275
Redjahs, assignations et comptes-cou-
rants   19,595,125
Bons de village   737,200

On dit que cette dette a été réduite de 62,607,425 fr. par application d'une partie des produits de l'Emprunt de 1873; mais, en retour, de combien a-t-elle été augmentée en 1874 et 1875, pendant les campagnes d'annexion qui ont quadruplé le territoire nominal de l'Egypte et triplé sa population? Souvenons-nous seulement que les calculs les plus impartiaux évaluent à 125 millions, par an, le déficit moyen du budget de l'Egypte depuis dix ans.

On reste donc au-dessous des probabilités les moins discutables, en admettant que dans cette période de deux années la dette flottante de l'Egypte s'est accrue d'une somme au moins égale à celle qui en avait été retranchée; et nous nous trouvons ainsi ramenés en face d'un découvert de plus de 620 millions.

Nous prions nos lecteurs de s'arrêter au premier article de cette dette :

« Acceptation du Mallieh, LIVRÉES A PLUSIEURS BANQUIERS. »

Tout le génie, avec le secret, de la nouvelle combinaison est là.

Et, en effet, la dette consolidée est irréductible et irrévisable. Les titres en sont disséminés dans les portefeuilles des particuliers en France, en Allemagne, en Belgique, en Angleterre, en Italie. Elle forme entre le prince ou l'Etat et leurs créanciers, un contrat d'honneur qui doit recevoir sa complète exécution sous peine de forfaiture et de faillite.

La dette flottante, au contraire, est essentiellement sujette à révision. Elle est à courte échéance, et chacun des renouvellements ramène l'examen des conditions auxquelles elle a été consentie des deux parts. Elle est toujours, et toute entière, concentrée dans les mains des banquiers.

La conversion des dettes flottantes en dettes consolidées a été, depuis vingt-cinq ans, un des procédés les plus fructueux de la finance internationale. Une opération de cette nature se retrouve à l'origine de tous les emprunts publics de l'Egypte et de la Turquie.

Dans la circonstance actuelle, les banquiers avaient pour agir, un intérêt pressant.

Il est de notoriété que M. Cave déclare, dans son rapport, que l'Egypte, après avoir réalisé toutes les économies

1.

possibles, ne saurait établir l'équilibre de son budget qu'en parvenant à réduire le service de ses dettes.

Or, sur la dette consolidée, publique, une telle réduction n'est possible que par la banqueroute. Elle ne peut s'opérer honnêtement que sur la dette flottante, en fléchissant les banquiers et en obtenant d'eux des conditions moins onéreuses.

Les banquiers visés par le conseil du délégué anglais se trouvaient dans l'alternative ou de continuer à pousser l'Égypte à une ruine dont ils seraient les premières victimes ou de renoncer à prélever des taux d'intérêts de 14 et de 18 p. 100.

La conversion, dès lors, devenait urgente. Elle n'était plus seulement la conclusion normale et prévue de toutes ces négociations d'argent; elle était une nécessité impérieuse et immédiate. Il fallait, à tout prix, sous un prétexte quelconque, transformer ces titres, vider les gros portefeuilles de la Banque dans les petits portefeuilles de l'épargne, dénouer de la sorte les opérations anciennes, résoudre en un mot ce problème où éclate l'ingéniosité financière de notre temps et qui consistait à alléger les charges du trésor Egyptien en retrouvant, soi-même, ses capitaux accrus de bénéfices considérables.

*
* *

Ce but sera atteint si la Banque nationale d'Égypte se constitue, et que les 20 millions d'actions et les 250 millions d'obligations soient souscrits. Pénètre-t-on maintenant le sens profond de cette phrase de l'*Économist*, que nous citions au début de ce travail :

« Il y a dans la Banque nationale égytienne un vice d'origine, c'est qu'elle n'est destinée qu'à alléger des porteurs de valeurs douteuses. »

Parmi les porteurs embarrassés du présent et inquiets de l'avenir, il en est un que tout le monde désigne, c'est l'*Anglo-Ægyptian Banking C°*, la Banque Anglo-Egyptienne à la tête de laquelle est M. Jules Pastré, et dont la transformation projetée en Banque d'Etat sert de pivot à toutes les combinaisons.

Dès le mois d'octobre 1875, dans une brochure qui a fait alors sensation : — *L'Egypte est-elle solvable?* — Nous avons signalé l'énorme quantité de titres de la dette flottante de l'Égypte que cet établissement avait en portefeuille :

Dans cette partie de la dette figurent, disions-nous :

a. — 36,406,350 francs en bons Aziziés ou de la Compagnie de navigation :

b. — 72,343,750 francs en bons à échéance du 10 septembre 1875 au 20 janvier 1876, représentant les deux derniers termes d'une opération précédemment conclue par l'*Anglo-Ægyptian Banking C°*, et renouvelés depuis.

c. — 145,000,000 de francs pour la dernière avance de l'*Anglo-Ægyptian.*

Ainsi, la Banque Anglo-Égyptienne était créancière du gouvernement d'Alexandrie pour 217 millions. Quelle part a t-elle, en outre, sur les 126 millions de bons de la Daïra à échéance d'avril à décembre 1875, et qui ont été renouvelés ? Aucun document ne l'indique ; mais il n'est pas douteux que tout, pour elle, ne se borne pas aux chiffres que nous avons relevés.

Une créance de 217 millions est, d'ailleurs, suffisante pour expliquer le puissant intérêt de l'Anglo-Égyptienne à une conversion. D'une dette privée, elle fera une dette publique. Ces titres, qu'elle est contrainte aujourd'hui de garder en portefeuille, elle les échangera contre des titres négociables et qu'elle négociera par le fait même de l'émission du nouvel emprunt. C'est dans ses caisses, à elle, qu'iront, en grande partie, les 250 millions versés par le public.

Ah ! nous comprenons vraiment que l'Anglo-Egyptienne, devenue Banque d'Etat, ne refuse sa garantie ni au khédive ni à son gouvernment. Aujourd'hui, elle est un créancier direct, dont les fonds sont engagés; demain, elle ne sera plus qu'une caution. Elle conservera dans son nouveau fonds social pour 50 millions de bons égyptiens, mais nous voyons qu'elle en possède aujourd'hui pour plus de 200 mil-.

lions! L'écart entre ces deux sommes représente le degré de l'allégement dont parle l'*Economist*. A sa place seront venus se substituer ces milliers de petits capitalistes sur qui la promesse d'un gros revenu exerce une fascination irrésistible et que tant d'expériences ruineuses n'ont pas encore éclairés.

Mais l'*Anglo-Ægyptian Bank* n'est pas la seule société financière que la conversion intéresse. Il en est malheureusement une autre qui est également menacée de ressentir les contre-coups de tous les embarras de l'Egypte; et celle-là est toute française; elle tient par une sorte de lien de génération à une de nos plus grandes institutions d'Etat. Les particuliers ne sont pas les seuls qui succombent à la tentation des intérêts usuraires ; il s'est trouvé à la tête de l'établissement dont nous parlons des hommes assez hardis pour chercher à relever par des profits extraordinaires son crédit nn peu ébranlé.

Dans la brochure que nous citons plus haut nous nous étions fait un devoir de signaler ce fait :

« On annonce, disions-nous, que le *Crédit agricole* consent à prendre pour 60 millions de ces bons payables dans l'année 1876. »

Nous ajoutions que l'on avait fixé à 14 p. 100 le taux de ces négociations.

Nous ne voulons pas même nous demander dans quelle mesure une semblable opération pouvait être statutaire. Loin de nous les récriminations rétrospectives ; elles sont oiseuses et odieuses. Nous nous bornons à constater un état de choses, et cela nous suffit.

Quoi qu'il en soit, la similitude des situations et la communauté des craintes ont provoqué un rapprochement entre le groupe français et le groupe anglais. Une entente s'en est suivie. Là bas, l'Anglo-Égyptienne, ici, le Crédit agricole ; telles sont les deux bases vivantes des combinaisons projetées ; et comme notre Société française ne pouvait abdiquer ni son titre, ni son rôle parmi nous, il en résulte que c'est à la société anglaise qu'est échu l'honneur de sa transformation en Banque d'État.

Voilà, ramenée à ses proportions réelles et rattachée à son but véritable, cette vaste opération. Gardons-nous de parler de la reconstitution du crédit de l'Égypte, et de l'application à ce pays des principes de la science économique et financière. Ces grands mots sont excessifs ; ils nous égareraient, dans l'opinion que nous devons nous former de l'affaire. Toute la question est de savoir s'il convient de laisser la banque Anglo-Égyptienne et le Crédit agricole

sous le poids de leurs engagaments ou de les en relever.
Les « valeurs douteuses » que ces établissements ont en
portefeuille, est-il désirable de les voir passer dans les
mains du public? L'épargne a-t-elle intérêt à se substituer
à la haute banque? Le problème est là tout entier. Dans la
condition générale de la France, est il opportun d'ajouter
encore un emprunt égyptien à tous les emprunts étrangers; et, dans la condition générale de l'Égypte, est-ce
utile, est ce prudent?

Pour notre part, nous répondons : NON, sans hésiter.
Non, il ne serait pas sage d'élargir le crédit que nous avons
fait à l'Égypte. Non, l'emprunt qu'on nous propose ne pré-
sente pas de garanties suffisantes. Nous allons donner, en
quelques mots, l'explication de notre sentiment.

Nous n'avons pas besoin d'insister sur les causes qui
font un devoir à notre pays de ménager son épargne. Si
ce n'était un conseil de bon sens, ce serait pour nous une
inpiration du patriotisme. Tout ce qui nous reste d'in-
fluence dans le monde, et peut-être de bonne renommée,
tient à notre puissance de travail et à cette vertu vraiment
française, de l'économie. Perdre de l'argent, c'est perdre
de la force; nous n'avons plus à en dissiper. Voyons donc
sur quels gages repose une extension du crédit de l'Egypte.

Ces gages sont nuls ou dérisoires.

. Et, en effet:

Le gouvernement du Khédive, nous dit-on, garantira le service de l'emprunt sur certains revenus spéciaux : le solde des produits de l'impôt des tabacs, les droits du port d'Alexandrie, l'octroi de la ville du Caire, les recettes nettes du chemin de fer de la Haute-Egypte. — Nous déclarons, en ce qui nous touche, ne vouloir pas même examiner ces prétendues sûretés. Il n'y a pas, en finances d'Etat, d'erreur plus manifeste ou de leurre plus grossier que l'affectation de gages spéciaux à chacune des parties de la dette. Dans la réalité des choses, il n'existe nulle part, en faveur des créanciers étrangers, ni hypothèque ni privilége. Ce qui garantit la dette d'une nation, c'est sa probité et sa richesse. Le reste est chimérique. Les créanciers du Pérou ont reçu, eux aussi, un gage spécial, et un gage qui vaut à lui seul tout le limon du Nil, le Guano; quel a été l'effet de cette clause? Est-ce que le coupon de janvier en est moins impayé? Est-ce que le gouvernement se montre moins insouciant de toutes les réclamations européennes.

Et les créanciers du Turc? Quels gages n'avaient-ils pas reçus? L'Empire, avec toutes ses ressources, avait été départi en détail : les douanes à celui-ci, les moutons à cet autre, le tribut de l'Egypte à un troisième, puis les tabacs, les droits sur les spiritueux. Il n'y avait pas une source d'impôt dont le produit ne fût frappé d'un privilége. Que sont devenues toutes ces garanties? Elles ont disparu dans l'insolvabilité générale de l'Etat; mais, en s'effaçant, elles ont laissé derrière elles des causes profondes de divisions entre les créanciers, et, maintenant, elles sont un obstacle habilement exploité par le grand-vizir à Constantinople pour se soustraire à tout arrangement équitable.

Qu'on laisse decôté ces procédés d'affectations spéciales; ils rendent désormais suspects les Etats qui y cherchent un moyen de crédit.

On invoque ensuite les statuts de la Banque et l'autorité des commissaires internationaux.

Quant à la Banque, il nous semble difficile qu'elle puisse rien prévenir ni rien empêcher. Voyez la Banque ottomane; car, à propos de l'Égypte, il nous faut toujours chercher à Constantinople nos points de comparaison. A quoi lui a servi son haut personnnel dirigeant? Quelle force lui ont donnée les trois comités de Constantinople, de Paris et de Londres. Elle a été surprise, la première, par l'Iradé du 6 octobre. Depuis lors, qu'a-t-elle obtenu en faveur des créanciers français? Rien, absolument rien. Les souverains de l'Orient ne ressemblent guère à nos princes constitutionnels. Ils n'ont pour loi que leur caprice, devant lequel tout plie. « La chose la plus tentante, dit encore *l'Economist,* pour un potentat besogneux comme le Khédive, c'est une grosse somme d'argent toute prête, et une Banque doit avoir beaucoup d'argent dans ces conditions-là. Il est tout à fait certain que le Khédive essaiera de l'en tirer, et, il l'est également, qu'il y réussira. S'il le fait, la Banque périra. « *If he does, the Bank will fail.* »

Que pourrions-nous ajouter à ces réflexions et à ces prévisions?

* *

Il ne manque pas de bons esprits qui attachent plus d'importance à la désignation de commissaires internationaux, par la France, l'Angleterre et l'Italie. Ceux-là n'entrevoient pas, sans doute, le parti que l'habileté du Khédive tirerait aisément de la rivalité mutuelle des trois gouvernements et des trois nations. Ils n'ont pas remarqué, non plus, que des commissaires, même unis entre eux, ne sauraient exercer à l'égard du gouvernement khédivien, aucun pouvoir de coërcition. Si les revenus ne sont pas loyalement appliqués, suivant les promesses, au paiement des dettes, ils se retireront. Et après? Ce sera un grand scandale en Europe: mais si le Khédive brave l'opinion? que feront l'Angleterre, et la France, et l'Italie? Elles ne sauraient disposer d'aucun moyen de contrainte sans soulever des questions qui dépassent singulièrement la mesure d'une échéance impayée.

Nous avons, à cet égard, une opinion dont personne ne songera à contester l'autorité. Dans un admirable discours, où la plus spirituelle éloquence a été mise au service du bon sens, M. Gladstone a démontré l'impuissance à laquelle seraient condamnés d'avance ceux qui seraient chargés d'une semblable mission. L'éminent orateur a supposé qu'il en était investi lui-même. Comment la remplira-t-il ?

Ici l'argumentation est tellement saisissante qu'il faut citer textuellement :

Me voilà, dit-il, parti pour Alexandrie, accompagné d'un secrétaire diplomatique et d'un secrétaire financier. On me désigne un appartement confortable et me voilà installé pour recevoir de l'argent.

On m'apporte telle ou telle somme et l'on me dit que c'est une partie des impôts d'Alexandrie. Jusque-là tout va parfaitement bien. Je demeure sous un ciel magnifique ; je suis admirablement logé ; on a pour moi les plus grands égards. Mais c'est maintenant que commencent les difficultés. Lorsqu'on m'apportera de l'argent, en ma qualité de commissaire du gouvernement anglais, comment m'assurer qu'il provient des impôts d'Alexandrie ou qu'il représente le produit total de ces impôts ?

Cela me paraît une question assez sérieuse ; car enfin si je ne vais là que pour toucher l'argent qu'on me dira être le produit des impôts d'Alexandrie, il me semble que mes fonctions ne seraient (et je ne crois pas que ce soit là l'intention du gouvernement) qu'un masque dont se couvrirait le gouvernement égyptien, ou les agents ou employés de ce gouvernement, pour entortiller de plus en plus le public anglais dans les finances égyptiennes, parce que je serais obligé de recevoir l'argent de gens qui me l'apporteraient quand cela leur plairait, comme il leur plairait et de la somme dont il leur plairait, sans avoir les moyens de m'assurer si c'est, ou non, le produit des impôts d'Alexandrie.

Si, continue-t-il, le commissaire doit être réellement responsable dans cette affaire, il faut qu'il ait le moyen de savoir à combien s'élève le revenu, et si les sommes qui lui parviennent représentent la totalité des revenus levés sous les rubriques sous lesquelles on les a rangés. Mais il est impossible au commissaire de se sendre compte de tout cela, à moins qu'on ne lui remette entre les mains en réalité la totalité des revenus.

L'honorable M. Disraëli n'a rien répondu à cette critique incisive et concluante, parce qu'il n'avait rien à répondre. On ne réfute pas l'évidence et on ne domine pas la raison.

.˙.

Si les gages spéciaux sont un leurre pour les créanciers d'un État; si les statuts d'une Banque nationale sont dérisoires en face des habitudes de despotisme invétérées en Orient; enfin, si les commissaires internationaux, en supposant qu'il en soit désigné, ne peuvent exercer sur les finances aucun contrôle efficace, où se trouvera la sécurité des créanciers de l'Égypte?

Ce ne sera, assurément, ni dans le budget du gouvernement égyptien ni dans ses procédés administratifs.

Nous ne voulons pas rentrer ici dans des détails que nous avons donnés ailleurs. Disons seulement que, par une fiction de comptabilité, le budget égyptien se solde en recettes par 248,727,850 fr., et en dépenses par 220,710,175 fr , tandis qu'en réalité, le trésor a dépensé en dix ans 2,800 millions et n'a reçu de l'impôt, dans cette même période, que 1,700 milions.

Sur ces chiffres, tels qu'ils sont établis, le service de la dette et de la dotation enlève 168 millions, sans compter même la dette personnelle du Prince, de telle sorte qu'il reste à peine, pour toute l'administration intérieure du pays, une somme de 60 millions de francs.

Depuis dix ans, les taxes ont été plus que doublées. Le fellah est pressuré de toutes les façons, astreint à la corvée et roué de coups. Et, cependant, on a dû recourir à une opération désastreuse, le Mokabala, ou rachat partiel de l'impôt foncier par le propriétaire, opération qui n'accroît les ressources du présent qu'au détriment de l'avenir, et dont l'effet, après avoir enlevé au trésor près de 3 millions 400,000 fr. par an, sera de diminuer de plus de moitié, à partir de 1884, les ressources provenant des contributions foncières.

En exposant cette situation au mois d'octobre dernier, nous disions : « Ce n'est là que la vaine image d'un gouvernement, une sorte de cadre vide qui attend qu'on le remplisse. »

Eh bien ! ce cadre, loin de songer à le remplir, l'ambition du Khédive tend, au contraire, à l'agrandir sans cesse. En 1872, l'Égypte proprement dite ne comptait que 5,252,000 habitants. Elle avait, en Éthiopie, d'anciennes possessions dont on estimait la population à 5 millions d'âmes. Ismaïl-Pacha y a joint, dans l'année 1874, la Nubie avec 1 million d'habitants, le Darfour, 5 millions, et les pays limitrophes, environ 700,000 âmes.

Le nombre de ses sujets a été porté, en un an, de 5 millions à 16 millions d'habitants. Mais quels sujets ! quels peuples! Nous touchons aux limites où la science commonce à douter de l'unité de l'espèce humaine. Et c'est pour eux, pour les gouverner, les administrer, que l'on va demander à l'Europe et plus particulièrement aux capitaux français, 270 millions! C'est pour eux que l'on fonde une banque nationale : *la Banque nationale de l'Égypte, de l'Éthiopie, de la Nubie et du Darfour!* Car c'est, en définitive, le véritable titre de l'institution nouvelle.

Arrêtons-nous. Il n'y a de sérieux dans ces projets que le désir de dégager l'*Anglo-Ægyptian Bank,* à Londres, et le *Crédit Agricole,* à Paris, des embarras qui les étreignent. Le reste ne vaut même pas l'honneur d'une discussion. Que l'Egypte améliore son administration intérieure, et ses finances s'amélioreront d'elles-mêmes, par voie de conséquence, sans emprunt.

Les difficultés, au contraire, de deux importantes sociétés de crédit expliquent les efforts tentés en ce moment; et elles les justifient jusqu'à un certain point. Mais pour cela, pour que le public ne résiste pas à l'impulsion qu'on veut lui communiquer, il faut sortir des équivoques et des paradoxes, cesser de parler de l'Egypte et nous parler de nous; il faut que tous les faits soient connus et toutes les situations nettes.

Est-il vrai, oui ou non, que l'*Anglo-Ægygtian Bank* a dans

son portefeuille plus de 200 millions de titres de la dette flottante égyptienne?

Est-il vrai, oui ou non, que le *Crédit Agricole* possède, depuis six mois, 60 millions de ces mêmes titres?

Est-il vrai, oui ou non, que la conversion ou la consolidation projetée a, pour unique but, de rejeter sur le public une charge qui pèse trop lourdement sur les banquiers et d'alléger les portefeuilles de la haute banque en faisant passer la plus grosse partie des valeurs égyptiennes, qui les garnissent, dans les portefeuilles de l'épargne?

Ces questions sont précises et elles sont graves. De la réponse qui leur sera faite dépendra certainement la détermination d'un grand nombre de capitalistes.

Nous les adressons donc publiquement ici à ceux qui peuvent les résoudre :

A M. Eugène Roland, directeur du *Messager de Paris*, qui, le premier dans la presse, a fait connaître les conditions d'organisation de la nouvelle Banque;

A M. Jules Pastré, président de l'*Anglo-Egyptian Bank* et futur président de la *Banque nationale d'Egypte*.

A MM. Frémy et le baron de Soubeyran, gouverneur et sous-gouverneur du Crédit foncier de France et du Crédit Agricole.

Enfin à M. Whurer, propriétaire des journaux le *Paris-Journal* et *le Soir*, et accrédité auprès de la presse de Paris comme le réprésentant des intérêts Egyptiens.

www.ingramcontent.com/pod-product-compliance
Lightning Source LLC
LaVergne TN
LVHW011455180726
843503LV00009BA/4132